Eine kleine Hütte – *Hōjōki*

方丈記

Eine kleine Hütte

Lebensanschauung

von

Kamo no Chōmei.

übersetzt

von

Dr. Daiji Itchikawa.

Berlin

C. A. Schwetschke und Sohn.

1902.

Titelblatt des Originals von 1902

Kamo no Chōmei

Eine kleine Hütte

Lebensanschauung

von Kamo no Chōmei (*Hōjōki*)

In der Übersetzung von

Daiji Itchikawa

Die Übersetzung des Hōjōki erschien im Original 1902 bei

C. A. Schwetschke und Sohn, Berlin.

Wiederaufgelegt und mit einem Geleitwort versehen von

Wolf Hannes Kalden

Die Deutsche Bibliothek – CIP Einheitsaufnahme

Kalden, Wolf Hannes (Hg):
Eine kleine Hütte. Lebensanschauung von Kamo no Chōmei.
Übersetzung des Hōjōki durch Daiji Itchikawa (1902). Wiederaufge-
legt und kommentiert von Wolf Hannes Kalden.

2. überarbeitete Auflage

Buch: ISBN 978-3-942818-13-1
E-Book:ISBN 978-3-942818-14-8
© Verlag: Kalden-Consulting Flörsbachtal 2020
Herstellung: Books on Demand GmbH, Norderstedt

Biographische Informationen der Deutschen Bibliothek
Die Deutsche Bibliothek verzeichnet diese Publikation in der Deutschen Nationalbibliographie; detaillierte bibliographische Angaben
sind im Internet über http://dnb.ddb.de abrufbar.

Inhaltsverzeichnis

Zum Geleit: Das *Hōjōki* und seine Zeit 3

Eine kleine Hütte [*Hōjōki*] 9

Vorwort [von Itchikawa Daiji] 9

I. Teil 13

1. Kapitel: Über das Leben 13

2. Kapitel: Feuerbrunst 14

3. Kapitel: Sturm 15

4. Kapitel: Umwälzungen 16

5. Kapitel: Hungersnot 20

6. Kapitel: Krankheiten 21

7. Kapitel: Erdbeben 23

8. Kapitel: Andere Leiden des menschlichen Lebens 25

II. Teil 27

1. Kapitel: Das Leben des Verfassers in seiner Hütte 27

2. Kapitel: Seine letzte Hütte 28

I

3. Kapitel: Seine Lebensweise...30

4. Kapitel: Über das Wohnhau 33

5. Kapitel: Über Essen und Kleider.......................................35

6. Kapitel: Über Freunde und Diener 35

III. Teil: Das höchste Glück durch ewiges Licht im Nirwana 37

1. Kapitel: Einsiedlers seelisches Glück 37

2. Kapitel: Ewiges Licht im Nirwana....................................38

Anhang: Japanisches Alphabet...41

Zum Geleit: Das *Hōjōki* und seine Zeit

Während mit dem 26. Juli 1216 der Todestag von Kamo no Chōmei, bzw. in der anderen Lesung seines Namens, Kamo no Nagaakira, bekannt ist, trifft dies so detailliert auf seine Geburt nicht zu. Irgendwann 1153 oder 1155 erblickte er das Licht der Welt und wuchs in einer Zeit auf, welche von Katastrophen und gesellschaftlichen Veränderungen durchsetzt gewesen ist. Kein Wunder, dass die von diesen Umbrüchen betroffenen Menschen das Gefühl hatten, das buddhistische Weltenende (*mappō*) stünde bevor.

Das Japan in der ausgehenden *Heian*-Zeit (784 - 1185) entsprach weder geographisch noch gesellschaftlich dem Bild, welches die meisten Menschen vom mittelalterlichen Japan haben. Die große Zeit der Samurai war gerade erst im Entstehen und der Norden des Landes noch nicht erschlossen. Der Fokus im Verständnis des eigenen Staates lag noch gänzlich auf Westjapan und dem *Kansai*-Gebiet, die Gebiete im *Kantō*, beispielsweise um das heutige Tokyo herum, galten noch als barbarisch und fremd.

Während sich die Keramik-Kultur der *Jōmon*-Zeit (12000 - 300 v. Chr.) noch über das gesamte Archipel ausbreitete, siedelte die folgende *Yayoi*-Kultur (300 v. Chr - 300 n. Chr.) nur noch in Westjapan, während sich die *Jōmon*-Menschen zurückzogen. *Kansai*, wörtlich „Westlich der Grenze", wurde zur Wiege der japanischen Staatenbildung. In den folgenden Jahrhunderten entwickelte sich der japanische Zentralstaat mit dem Prinzip der Tennō-Herrschaft und verdrängte bzw. assimilierte bis zum 9. Jahrhundert weitgehend die anderen, im Westen des Archipels lebenden Ethnien wie Hayabito, Kumaso, Mishihase oder Tsuchigumo. Mit dem Zurückdrängen der Emishi erfolgte ab des 7. Jahrhundert die Ausbreitung des japanischen Staates in den *Kantō*-Raum („Östlich der Grenze").

Gesellschaftlich wurde mit den für den Zentralstaat förderlichen *Taika*-Reformen 645 die zentrale Position des Tennō gestärkt, indem die Vormachtstellung einzelner Sippen sowie deren Rangstellungen gebrochen und das gesamte Land dem Tennō zugesprochen wurde, der es wiederum als eine Art Lehen vergeben konnte. In folgenden Jahren wurde auch die den formalen Herrscher umgebende Bürokratie aufgebaut, welche, mit Hofadeligen besetzt, bis Mitte des 12. Jahrhunderts die Macht ausübte. Die faktische reale Macht hatte durch ihre Heiratspolitik mit dem Tennō-Haus die Familie der Fujiwara inne. Da sich die gesellschaftliche Macht und Bedeutung lokal um den Kaiserhof in Kyoto konzentrierte, denn für Hofadlige stellte sich die Vorstellung eines Lebens in der Provinz als barbarisch dar und bereits aus der Hauptstadt herausgeschickt zu werden, wurde als Exil aufgefasst, stärkte dies die in den Regionen lebenden Vasallen des Hofadels. Diese Vasallen besaßen kein eigenes Land, hoben aber bei Unruhen und Aufständen die benötigten Truppen aus, während der Zentralstaat kein eigenes, stehendes Heer besaß. Somit entstand in den Provinzen ein militärisch begründetes Gegengewicht zur Zentralgewalt. Die bedeutendsten dieser Familien waren die Taira und die Minamoto.

Als die Fujiwara aufgrund keiner weiblichen Nachkommen ihre Heirats- und damit Einflusspolitik auf die Tennō nicht weiter fortsetzen konnten und zugleich zwei Tennō zeitgleich Anspruch auf die Macht erhoben, kam die Stunde dieser Krieger-Familien (*buke*[1]). Beide Seiten suchten in der Auseinanderset-

---

[1] Der Begriff Samurai bürgerte sich erst im 15. / 16. Jahrhundert ein.

4

zung den Rückhalt bei ihren militärisch starken Vasallen. In dem *Hōgen*-Unruhen 1156 und der *Heiji*-Rebellion 1159 setzten sich die Taira unter Taira no Kiyomori durch und stiegen mit Übernahme der Position der Fujiwara in die Hofpolitik ein. Obwohl somit erstmals ein Vertreter des Kriegeradels die Macht am Hofe innehatte, veränderte sich das System nicht, sondern die Taira nahmen ihre Position im bestehenden Hofsystem ein.

In dieser Zeit wuchs Kamo no Chōmei als Sohn eines Tempelhüters heran und nahm mit ungefähr 20 Jahren 1175 erstmals mit seinen *Waka*-Gedichten an einem Dichterwettbewerb teil. *Waka* („japanisches Gedicht") ist ein in der Hein-Zeit entstandener Sammelbegriff zur Abgrenzung japanischer Gedichte von *Kanshi*, d. h. in Japan im chinesischen Stil abgefasster Gedichte. Innerhalb dieser *Waka* finden sich zu Beginn der Heian-Zeit sowohl Kurzgedichte (*Tanka*) als auch Langgedichte (*Chōka*), wobei letztere im Laufe der Zeit an Bedeutung verloren, so dass zum Zeitpunkt der Gedichte von Chōmei *Waka* gleichbedeutend mit *Tanka* geworden ist. Im Gegensatz zu europäischen Gedichtformen, die weitgehend auf Reim und Metrik aufbauen, liegt diesen japanischen Gedichten eine Silbengrundstruktur zugrunde. Gedichte aus seiner 1181 kompilierten Gedichtsammlung fanden wenige Jahre später Eingang in die 1.295 *Waka* umfassende kaiserliche Anthologie *Senzai-Wakashū* (1187).

Inwiefern der in diesen Jahren einsetzende Rückzug von Kamo no Chōmei aus dem öffentlichen Leben in Zusammenhang mit den 1180 erneut ausbrechenden Unruhen und dem damit einhergehenden Machtwechsel zusammenhängen, kann aus heutiger Sicht nicht mehr rekonstruiert werden. Auffällig ist schon, dass bei Beschreibung der Vorkommnisse in diesen Jahrzehnten Kamo no Chōmei nicht auf den 1180 beginnenden

Gempei-Krieg zwischen den Taira und den von ihnen 1159 ge-
schlagenen Minamoto eingeht. Um die Herrschaft von Taira no
Kiyomori zu brechen, wendet sich Prinz Mochihito (gest.
1180), Sohn des Go-Shirakawa Tennō (1127 - 1192, Regierung 1155 -
1158), an Minamoto no Yorimasa (1106 - 1180). Die im Osten
des Landes starke Unterstützung habende Minamoto liefern
sich am Berg Hiei eine Schlacht mit den Taira und unterliegen.
In den folgenden Schlachten wendet sich aber seit 1183 das
Kriegsglück der Taira und die Minamoto unter ihrem neuen
Oberhaupt Minamoto no Yoritomo (1147 - 1199) vernichteten
am 25. April 1185 die Taira in der Seeschlacht von *Dannoura*
nahe des heutigen Shimonoseki. Dabei kam auch der dreijähri-
ge Antoku-Tennō und ein Teil des den Taira nahe stehenden
Hofadels ums Leben. Minamoto no Yoritomo übernahm die
faktische Regierungsgewalt, erhielt 1192 den Titel des *Sei-Tai-
Shōgun* und begründete das *Kamakura*-Shōgunat, benannt nach
dem von ihm gewählten Regierungssitz in Kamakura, nahe des
heutigen Tokyos. Mit der so vorgenommen räumlichen Tren-
nung zu Kyoto war es ihm möglich, den Einfluss des Hofadels
und der Klöster von seinem Regierungssitz fernzuhalten.

In den folgenden Jahren veröffentlichte Kamo no Chōmei
um 1185 sein, später verloren gegangenes Reisetagebuch *Iseki*,
und nahm nur gelegentlich an Dichterwettbewerben teil, bis ihn
1200 Go-Toba Tennō (1180 - 1239, Regierungszeit 1183-1198)
zur Kompilation der 2.000 Gedichte umfassende, kaiserlichen
Anthologie *Shinkokin-wakashū* hinzuzog. Hier ergab sich für ihn
auch die Möglichkeit, sich für mehrere Jahre in die Ōhara-Berge
zurückzuziehen, wo er seinen buddhistischen Namen Ren'in
annahm. Wenige Jahre später zog er in die Berge bei Tōyama,
wo er bis zu seinem Tode 1216 blieb.

Hier in den Bergen von Tōyama schrieb er um 1212 das
vorliegende *Hōjōki*, welches als sein Hauptwerk gilt. Geprägt

von dem oben geschilderten Verfall der höfischen Kultur in Kyoto und der durch die eingetretenen Katastrophen (Brände, Wirbelstürme, Überschwemmungen) verbreiteten Zukunftsangst der Menschen schreibt er sein Essay, in dem er seine eigene Situation mit den Vorkommnissen dieser Jahre verknüpft. Sein Werk ist durchzogen von einer Grundtraurigkeit, da er sich sicher war, dass sich die Welt in dem Zeitalter des bereits oben erwähnten *mappō* befindet, das keinen Lichtblick, keine Erleuchtung mehr kennt, sondern lediglich einen laufenden gesellschaftlichen und politischen Verfall. Er fühlt sich selber in dem Zwiespalt der Menschen, dass sie die immanente Idee des Buddhismus, die Welt sei durch Vergänglichkeit und Leiden geprägt, ignorieren und ihr Herz an materielle Dinge oder Mitmenschen hängen. Im Gegensatz zu den traditionellen buddhistischen Schulen in Japan postuliert die in dieser Zeit aufgekommene Lehre des Amida-Buddhismus, dass bereits das einmalige, aufrichtige Anrufen den Amida Buddha zur Erlösung aus dieser Welt führe. In seiner Beschreibung der Hütte im dritten Abschnitt findet sich die innere Diskrepanz von Kamo no Chōmei zwischen der Vergänglichkeit der Hütte, seiner Missachtung der Lehre, indem er an dieser Bleibe hängt und seiner Hoffnung, welche er in die Lehre des Amida setzt – um zugleich zu zögern, ob dieser Weg der richtige ist.

Der Übersetzer Itchikawa Daiji[2] aus Tokyo studierte von 1900 bis 1908 an der Universität Berlin Philosophie sowie Ökonomie und war von 1905 bis 1908 zudem Lektor der japanischen Sprache am Institut für Orientalische Sprachen. 1907 veröffentlichte er sein Buch über *die Kultur Japans*. Obgleich den Unterlagen der Humboldt-Universität zufolge Itchikawas Dis-

---

[2]Itchikawa Daiji wird sowohl unter der Transkription seines Namens „Itchikawa" als auch „Ichikawa" geführt. Dieses Buch verwendet die auch im Original von 1902 verwendete Schreibweise.

sertation 1904 abgelehnt wurde, wird er ab 1905 mit Doktortitel geführt.

Im Folgenden sind die bereits 1902 von Itchikawa vorgenommenen Fußnoten als solche mit „[Itchikawa:]" gekennzeichnet, um sie von den im Rahmen dieser Neuauflage vorgenommenen Anmerkungen zu unterscheiden.

Wolf Hannes Kalden

Eine kleine Hütte [*Hōjōki*]

Vorwort [von Itchikawa Daiji]

Die folgende Skizze ist die Übersetzung eines berühmten japanischen literarphilosophischen Werkes. Es heißt: *Hōjōki*, und ist 1212[3] von einem Philosophen Chōmei Kamo[4] geschrieben. Der Titel hat folgende Bedeutung: *Hō* = Quadrat, *jō* = drei Meter[5], *ki* = Beschreibung, welchen Namen das Werk erhielt, weil das Wohnhaus des Verfassers eine Hütte war, welche nur drei Quadratmeter Raum hatte.

Er war anfänglich ein Hüter des Tempels Kamo no Yashi-

---

[3] Hinweis zu älteren japanischen Jahres- und Monatsangaben: 1873 wurde der Gregorianische Kalender in Japan eingeführt, zusammen mit der Bindung der Regierungszeit eines Tennō an nur eine Devise (Nengō). Zuvor erfolgte die Benennung von Jahren in Form von durch den jeweiligen amtierenden Tennō vergebener Devisen, wobei eine Regierungszeit aus mehreren Devisen bestehen konnte. Der erste Tag des Jahres nach dem Nengō-System entspricht dabei nicht dem 1. Januar nach dem Gregorianischen Kalender. Der 1.1. Eihō ist im Gregorianischen Kalender der 10. Februar 1081 (Die Devise endet am 7. Februar 1082). Daher ist es hilfreich mit den gregorianischen Monatsnamen zu verdeutlichen, dass das betreffende Datum bereits umgerechnet wurde.
[4] Itchikawa Daiji bevorzugt in seiner Übersetzung die europäische Reihenfolge des Namens. In der japanischen Reihenfolge, den Familiennamen zuerst nennend, heißt der Autor Kamo (no) Chōmei.
[5] *Hōjō* bezeichnet eine Grundfläche von 3,03 x 3,03 m und im übertragenden Sinne auch die Klause eines Priesters.

ro[6] in Kioto, der damaligen Hauptstadt Japans, und wurde von dem Kaiser Gotoba[7] als Redakteur der Gesellschaft für japanische Poesie an den kaiserlichen Hof berufen, weil er sowohl als Musiker wie als Dichter schon berühmt war.[8] Zuerst hegte Chōmei Kamo den Wunsch, der Nachfolger seines Vaters zu werden, der die Stellung eines Haupthüters des Tempels innehatte, doch scheiterten seine Hoffnungen. Beleidigt zog er sich von der Welt zurück und lebte als Einsiedler in Ōhara[9] nahe bei Kioto, wo er sich jetzt Renin[10] nannte.

Später berief ihn zwar der damalige General Sanetomo Minamoto[11] zu sich, doch kehrte er in kurzer Zeit nach seiner Heimat zurück und baute sich wieder im Berge Tōyama in Hi-

---

[6] Der Tempel Kamo no Yashiro liegt an der Station Ageo am *Nakasendō* (auch *Kisokaidō* genannt), einer der zwei wichtigen Straßen von Kyoto Richtung des heutigen Tokyos. Ageo liegt in der heutigen Präfektur Saitama.

[7] Gotoba Tennō (6.8.1180 - 28.3.1239) wurde 1183 von seinem Großvater Go-Shirakawa Tennō anstelle seines Bruders Antoku zum Kaiser ernannt, nachdem dieser mit der Familie seiner Mutter, den Taira, aus Kyoto geflohen war. 1185 stirbt Antoku zusammen mit den Taira bei der Seeschlacht von *Dannoura*, nahe dem heutigen Shimonoseki. 1192 begründet die Familie Genji / Minamoto das erste Shōgunat in Kamakura und setzten 1198 Gotoba Tennō ab. Nach seinem erfolglosen Aufstand von 1221 wurde er verbannt. Während seiner Amtszeit wurde er zudem als Dichter und Schwertschmied bekannt.

[8] Bezieht sich auf die von Kamo no Chōmei 1181 geschriebene Gedichtsammlung, aus der einzelne Gedichte auch 1187 Eingang in das *Senzai-Wakashū*, eine Anthologie von Waka-Gedichten, fanden.

[9] Der Ort liegt nördlich von Kyoto in den Bergen.

[10] In moderner Umschrift Ren'in.

[11] Der Poesie liebende Minamoto no Sanetomo (1192 – 1219) war der dritte Shōgun des Kamakura-Shōgunats. Kamakura liegt in der Nähe des heutigen Tokyos.

no[12] seine zweite und letzte Einsiedlerhütte. Diese beschrieb er in dem folgenden Werke: Seine *Betrachtungen über die Hütte.*

In diesem hat er sein philosophisches Glaubensbekenntnis, sowie andere Lehren niedergelegt, doch entsprangen die letzteren nicht bloß seinem verletzten Ehrgefühl, sondern waren das Ergebnis eines langen und tiefen Studiums der philosophischen Lehre von China (*Taoism*) und Indien (*Buddhism*), welche die Verachtung der Welt predigen.

Der Inhalt besteht aus:

A) der Unbeständigkeit des Lebens,

B) dem wahren Glücke durch Genügsamkeit,

C) dem höchsten Glücke durch ewiges Licht im Nirwana.

Form und Sprache des Werks sind edel und schön, deshalb nimmt es in der japanischen Literaturwelt einen hervorragenden Platz ein.

Des Verständnisses wegen ist es in dieser Übersetzung in Kapitel geteilt und als Anhang das japanische Alphabet hinzugefügt, da dieses auch die Lebensanschauung des Verfassers enthält.

Berlin, Dec. 1901

Der Übersetzer

[Itchikawa Daiji]

---

[12] Der Berg Hino liegt in der heutigen Präfektur Fukui.

11

I. Teil

1. Kapitel: Über das Leben

Unaufhörlich fließt der Strom, doch das Wasser aus dem er besteht, ist nie dasselbe, sondern stets neu und in ewigem Wechsel. Betrachtet man jetzt den Schaum, der darauf schwimmt, so schwindet er und bildet sich wiedergleich, aber er bleibt nicht lange beständig.

Ein gleiches Bild bieten die Menschen und ihre Wohnstätten. Die Häuser, sowohl der Vornehmen wie Niedrigen, welche in der prachtvollen Hauptstadt neben einander stehen und deren Glanz einander übertreffen, scheinen für Generationen gebaut zu sein. Doch fragte man, ob sie wirklich so beständig sind, fände man selten eins der alten Häuser. Teils sind einige verschwunden und neue gebaut, teils sind andere vom Großen zum Kleinen verändert.

So verhält es sich auch mit ihren Bewohnern. Selbst in einem Ort und selbst da, wo viele Menschen wohnen, bleiben nur wenige Personen, die in der alten Zeit geboren sind. Hier sterben die Einen, da werden andere geboren, und immer wieder wechseln sie gleich dem Schaum auf dem Wasser. Wer weiß, woher solche Geborene und Sterbende kommen und wohin sie gehen? Wer weiß auch, für wen sich ihr Herz quält und womit sich ihre Augen erfreuen? Ist die Welt für uns nicht nur ein vorübergehender kurzer Aufenthalt?

So scheint es, dass die Häuser mit ihren Bewohnern in der Unbeständigkeit wetteifern wie die Winden[13] mit dem Tau, der auf ihnen liegt. Der Tau schmilzt zuerst, während die Blume noch blüht. Doch diese muss auch beim Strahl der Morgensonne verwelken. Manchmal vergeht schon die Blume und der Tau bleibt noch, aber nicht bis zum Abend.

Seit der Zeit, wo ich die Welt verstehe und ihre Schicksale betrachten kann, schwand über 40-mal Frühjahr und Herbst und folgendes habe ich erlebt.

2. Kapitel: Feuerbrunst

Am 28. April im 3. Jahre Angen (1177)[14] brach ein großes Feuer aus. Es entstand an diesem Tage um 8 Uhr abends in der südöstlichen Gegend der Hauptstadt und wurde durch den Sturm nach der nordwestlichen Seite getrieben bis zum kaiserlichen Palast; alles in seiner Nähe verbrannte: das Tor Sujaku[15], der Daigokuden[16], die Universität, das innere Ministerium u.s.w. Man vermutet, dass das Feuer zuerst in der Straße Hinokuchi Tomi no Kōji entstanden ist in einem provisorischen Hospital.

Da der Sturm gewaltig tobte, wurde das Feuer immer weiter fortgetragen und gewann eine unendliche Ausdehnung wie ein ausgebreiteter Fächer. Die entferntesten Häuser wurden in Rauch gehüllt und bis zum Himmel wirbelte die Asche rotglü-

---

[13] [Itchikawa:] Viel besungene Blume in der japanischen Poesie.
[14] In dem Datum irrt Itchikawa: 1177 wechselte die Devise von Angen zu Jishō. Der Brand fand am 28. 4. Jishō 1 statt, d.h. am 27. Mai 1177.
[15] [Itchikawa:] südliches Haupttor des Palastes.
[16] [Itchikawa:] Audienzsaal.

hend durch den Reflex des Feuers, vom Winde unaufhörlich meilenweit fortgetrieben, als wenn er Flügel hätte.

Kann man sich vorstellen, wie fassungslos dabei die Menschen waren? Etliche fielen bald vom Rauch erstickt nieder, und andere verbrannten. Wer sich noch retten konnte, ließ sein ganzes Hab und Gut zurück, welches alles in einer Nacht durch das Feuer in Schutt und Asche gelegt wurde. Sechzehn der großartigsten Bauten wurden zerstört und unzählige einfache Wohnhäuser. Tausende von Menschen fanden dabei ihren Tod.

Bei solchem Unglück erkennt man, wie töricht der Mensch ist, wenn er mit Mühe und vielen Kosten prachtvolle Gebäude baut.

3. Kapitel: Sturm

Im vierten Jahr Jishō (1180) am 29. April wurde die Stadt von einem ungeheuren Orkan heimgesucht.[17] Er nahm seinen Anfang in der Gegend der Straßen von Makamikado und Kiogoku und breitete sich nach der Rokujō-Straße aus. Durch seine ungeheure Kraft wurden die Gebäude, große und kleine, gänzlich oder teilweise zerstört, und nur Trümmerhaufen bezeichnen den Weg, den der Wirbelwind genommen hatte. Hier nahm er die Borkdächer ab und trieb sie meilenweit fort. In der Luft umherfliegend, glichen sie den Blättern, die im Winter der Sturm treibt.

---

[17] In der Datierung ist 1180 korrekt, allerdings brach der Wirbelsturm noch im Jahr Jishō 3 über Kyoto herein, was eigentlich relativ geschützt in einem Talkessel liegt.

Wo sonst die Häuser durch Umzäunung voneinander getrennt waren, sah man die Gärten vereinigt. Unzählbare Kostbarkeiten, die man sonst sorgfältig hütete, wurden gen Himmel geschleudert.

Nacht schien sich über die Erde gebreitet zu haben, denn der aufgewirbelte Staub ließ alles undurchdringlich erscheinen, und dazwischen ertönte das Brausen des Orkans, jedes Wort unvernehmbar machend. Die ganze Natur schien ein Abbild der Hölle zu sein.

Dieses Naturereignis verursachte nicht bloß Verlust an Eigentum, sondern es kostete auch viele Menschenleben und Unzählige machte es zu Krüppeln, weil sie sich nicht rechtzeitig aus den Häusern retten konnten. In ihrem herzzerreißenden Jammer hielten die Leute dieses Unglück für ein Strafgericht Gottes[18], denn wenn auch die Gegend of von Stürmen heimgesucht wurde, so hatten sie doch nie eine derartige Verheerung angerichtet.

4. Kapitel: Umwälzungen

Der Hofstaat wurde ungefähr im Monat März diesen Jahres 1180 plötzlich nach einer anderen Stadt verlegt, obgleich die verlassene schon seit vielen Jahrhunderten seit der Regierung

---

[18] Aufgrund der bereits in den Jahren zuvor aufgetretenen Naturkatastrophen (Brände, Stürme etc.), den gesellschaftlichen Umbrüchen zwischen Hofadel und entstehendem Kriegeradel, und dem beginnenden kriegerischen Auseinandersetzungen zwischen den beiden mächtigen Familien der Taira und Minamoto wurde der buddhistische Weltuntergang (*mappō*) erwartet.

des Kaisers Saga die Hauptstadt des Landes gewesen ist.[19] Die Weltgeschichte lehrt, dass man nicht ohne besonderen Grund so alte Privilegien ändern soll. Darum war es natürlich, dass darüber das Volk in großer Unruhe war. Doch alle Klagen und Bitten des Volkes halfen nichts.

Der *Mikado*[20] zog dennoch nach der neuen Hauptstadt Naniwa in Settsu[21], bald folgten ihm seine Hofleute und alle Beamten. Es blieb weder ein hoher noch ein niederer in der Residenz. Jeder, der auf Rang und Stand bedacht war und um die Gunst

---

[19] Bis 710 änderte sich mit jedem neuen Kaiser auch der Regierungssitz. Erst Gemmei Tennō (661 – 721) schuf mit *Heijō-kyō* (dem heutigen Nara) einen andauernden Regierungssitz, welcher, mit Ausnahme der Jahre 740 – 745, bis 784 beibehalten wurde. Für zehn Jahre wurde daraufhin die Hauptstadt nach *Nagaoka-kyō* verlegt, bevor 794 *Heian-kyō* (das heutige Kyoto) erbaut wurde. Die kurzzeitige Verlegung der kaiserlichen Residenz nach *Fukuhara-kyō* zwischen Juni bis November 1180 hat sicherlich mehrere Gründe. Bereits seit 1160 residierte Taira no Kyomori (1118 – 1181) als faktisches politisches Staatsoberhaupt in Fukuhara und regierte von hier Japan. Als in 1180 erneut der Krieg zwischen den Taira und Minamoto ausbrach, siedelte er seinen Enkel, Antoku Tennō (1178-1185), sowie den Hofadel, von Kyoto nach *Fukuhara* (dem heutigen Kobe) um. So ließ sich nicht nur der Hof besser schützen, sondern auch sein Einfluss auf den Tenno aufrechterhalten. Ein weiterer Grund waren sicherlich auch die Zerstörungen in Kyoto aufgrund des Brandes und Wirbelsturmes von 1180. Aufgrund des Widerstandes, insbesondere im Hofadel, wurde der Regierungssitz im November wieder nach Kyoto zurückverlegt. Taira no Kyomori folgte nach Kyoto und starb hier ein Jahr später. Kyoto blieb kaiserliche Residenzstadt bis 1868.
[20] Eine Bezeichnung für Tennō.
[21] Wie in der vorherigen Fußnote beschrieben wurde die kaiserliche Residenz vorübergehend nicht nach *Naniwa-kyō* (dem heutigen Osaka), sondern nach *Fukuhara* verlegt. *Naniwa* war kaiserliche Residenz von 645 – 655 sowie nochmals in 744.

17

des Herrschers warb, beeilte sich, so schnell wie möglich ihm zu folgen. Es blieben nur diejenigen traurig zurück, die hoffnungslos waren.

Die alten, prachtvollen Gebäude in der früheren Hauptstadt verfielen bald. Sie wurden schließlich abgerissen und ihre Trümmer schwammen auf dem Fluss Yodogawa[22] umher.

Der Erdboden wurde dem Felde gleichgemacht. Ebenso wie die Häuser änderten sich auch die Gewohnheiten der Menschen. Früher den Ochsenwagen als Beförderungsmittel gebrauchend, saß man nur jetzt noch zu Pferde.[23] Das Land im Westen und Süden wurde allein geschätzt und Grund und Boden im Osten und Norden vernachlässigt. Einst war ich gezwungen, in die neue Stadt zu gehen. Ich sah dabei, dass sie nicht Ausdehnung genug hatte, um regelmäßige Straßen anzulegen. Nördlich lag sie hoch am Berge, dagegen senkte sie sich im Süden zum Meere hinab, dessen gewaltiges Wellenbrausen schauerlich bis in die Häuser ertönte und scharfe, salzige Seewinde machten das Klima rau. Der Palast des Kaisers lag fast in dem Berge verborgen, er war sehr einfach aus Baumborke gebaut, aber ganz geschmacklos war er nicht, da er doch besonders aussah.[24]

---

[22] Der Fluss Yodo ist der einzige Abfluss des Biwa-Sees und stellte über Jahrhunderte die wichtigste Wasserstraße zwischen Kyoto und Osaka dar.

[23] In diesem Bild spiegeln sich zwei Themen: einerseits der Hauch Luxus mit dem begleitenden Vorwurf, da ein Pferd in der Anschaffung teurer war als ein Ochse, andererseits der Hinweis auf die zerfallende Infrastruktur. Während in der *Heian*-Zeit das Straßennetz sehr gut ausgebaut und mit breiten Wegen versehen war, änderte sich dies in der Folgezeit. Auf den Wegen der folgenden Zeiten kamen teilweise Ochsenkarren nicht mehr aneinander vorbei.

[24][Itchikawa:] ist spöttisch gemeint.

Auf höheren Befehl wurden auch viele alte Gebäude der Stadt vernichtet und alle Tage Schiffe mit deren Überresten beladen, um sie ins Meer zu versenken.[25] An ihrer Stelle entstanden neue Gebäude. Was mögen die Besitzer der alten Häuser dabei empfunden haben? Die neue Stadt war noch ziemlich unvollendet, es gab viel Platz, während die alte schon verfallen war. Deshalb schien das Land unsicher, ob es in den Wolken schwebte. Die alten Bewohner beklagten sich sehr, da sie ihren bisherigen Grund verloren hatten und die neuen Bewohner beklagten sich auch, weil sie mit großer Mühe neu bauen müssten.

Dieses Ereignis schien eine Vorbedeutung großen politischen Staatsumwälzungen zu sein. Es geschah, wie man vorhergesehen hatte. Die Unzufriedenheit wuchs Tag zu Tag und schließlich ließ das Volk sich nicht mehr beruhigen. Daher war der Hof gezwungen, noch im Winter desselben Jahres nach der früheren Hauptstadt zurückzukehren.

Hier war aber alles verändert, die prachtvollen Gebäude verschwunden, und keiner wusste, wo sie geblieben waren.

Vergleichen wir diese letzte Regierung mit der in der früheren Zeit, so fällt es uns auf, dass ein anderer Geist herrschte. Damals wurde der Staat von humanen Herrschern regiert, das zeigte sich im Leben derselben, z. B. der kaiserliche Palast war ebenso einfach wie ein gewöhnliches Haus gebaut, mit Binsen gedeckt und die Dächer nicht einmal glatt gemacht. Der frühere Herrscher erließ sogar dem Volk die Steuern, trotzdem er selber nur geringe Einnahme hatte, wenn er sah, dass aus ihren Hütten kaum Rauch aufstieg, dass ein Zeichen, dass sie

---

[25] Nicht ganz korrekt, denn Taira no Kyomori ließ viele Gebäude in Kyoto abbauen, um sie in Fukuhara schnell errichten zu können.

Mangel an Nahrung hatten. Alle Handlungen zeugten von seiner Sorge und Liebe für das Wohl des Volkes.

5. Kapitel: Hungersnot

Ungefähr ein Jahr später (im Jahre *Yōwa* 1181 - 1182)[26] brach eine furchtbare Hungersnot aus, die zwei Jahre dauerte und das Land elend machte. Ihre Ursache hatte sie durch zu große Trockenheit im Frühjahr und Sommer und durch starken Wind und Nässe im Herbst und Winter. Da all' dieses Unglück unmittelbar aufeinander folgte, so wurde die Mühe des Ackerbaus im Frühjahr und Sommer erfolglos, weil kein Getreide reifte, und bald hörte man im Herbst und Winter weder den Klang der Sichel, noch das fröhliche Leben und Treiben beim Einfahren der Ernte. In diesen traurigen Zeiten wanderten viele Menschen von allen Provinzen aus und zogen sich entweder in die Berge zurück oder sie gingen über die Grenze des Landes. Die Priester flehten vergeblich zu Gott um Rettung und opferten ihm Tag und Nacht.

Da die Städter in ihrem Erwerb besonders auf das Volk in der Provinz angewiesen waren, so fühlten sie bald den Verlust dadurch, dass die Käufer ausblieben. In ihrer Verzweiflung wollten sie ihre kostbarsten Waren zu jedem Preis verschleudern. Doch lenkte keiner seinen Blick auf dieselben. Verirrten sich noch vereinzelte Käufer aus der Provinz in die Stadt, so brachten sie Getreide mit, dessen Wert sie furchtbar hoch berechneten und tauschten dagegen die kostbarsten Sachen ein. Die Straßen waren von Bettlern bedeckt und ihr Jammerge-

---

[26] *Yōwa* dauerte von Juli 1181 bis Mai 1182.

schrei erfüllte die Ohren. So verfloss das erste Jahr, wo die entsetzliche Teuerung herrschte.

6. Kapitel: Krankheiten

Man hoffte, dass das nächste Jahr Rettung bringen würde, doch es wurde noch schlimmer, indem zu der Hungersnot die Pest entstand. Es half kein Beten und Flehen, die Menschen starben täglich haufenweise wie Fische außerhalb des Wassers. In nicht zu kurzer Zeit sah man die vornehmen Leute einen *Kasahut*[27] tragen und von Tür zu Tür betteln gehen.

Doch nicht lange trieben sie diesen Erwerb, denn vor Mattigkeit fielen sie bald um und starben. Unzählbare Leichen lagen unbeerdigt an den Mauern und auf den Straßen und verpesteten die Luft. Mit Schaudern wandte man sich von dem entsetzlichen Anblick der Leichen ab, die allmählich in Fäulnis übergingen. Die meisten lagen an den Flussufern und weder Pferde noch Wagen konnten den Weg passieren.

Die armen Holzfäller in den Bergen waren auch vor Hunger bald erschöpft und es entstand daher Holzmangel in der Stadt. Deshalb rissen viele Menschen ihre eigenen Wohnhäuser ab und verkauften die Balken als Brennholz. Der Erlös dafür reichte nicht für einen Tag aus, um das Leben zu fristen. Zu seiner Verwunderung fand man öfter unter den als Brennholz angebotenen Balken Zinnober oder Silber und sogar Goldspuren und entdeckte schließlich, dass diese Stücke aus den Tem-

---

[27] *Kasa* ist ein schirmartiger Hut aus Bambus, Stroh oder Binsen.

peln stammten, von wo die Unglücklichen die Buddhabilder oder Möbel und Einrichtungen stahlen und zerstückelten.

Leider war ich zu dieser gottlosen Zeit schon geboren und erlebte solchen Frevel mit.

Auch manche rührenden Szenen kamen vor. Von zwei Liebenden starb meistens derjenige Teil zuerst, welcher die tiefste Liebe empfand, weil er sich für den anderen aufopferte, ihm die meiste Nahrung ließ, die sie durch Betteln erworben hatten. Dasselbe Verhältnis war zwischen Eltern und Kindern. Die Eltern starben natürlich früher. Oft sah man die Säuglinge noch an der Mutterbrust, wenn die Mutter schon tot war. Einem Hohepriester Riugio Hōshi im Tempel *Ninnaji*[28] ging das Elend des Volkes sehr zu Herzen und er versammelte viele Priester um sich, um mit ihnen über das Unglück und dessen Abhilfe zu sprechen.

Jedem Leichnam wurde der Anfangsbuchstabe vom Worte Amida (Buddha) auf die Stirn gedruckt, damit derselbe sich mit Buddha vereinigen könnte. Riugio Hōshi ließ die Zahl der Toten in den Monaten April und Mai aufschreiben. Im Mittelpunkt der Stadt fand man auf den Straßen allein schon 42.300 Tote. Natürlich waren noch viele vor und nach den zwei Monaten gestorben, ebenso Unzählige in der Umgebung der Stadt. Unmöglich war es, alle Toten im ganzen Land Japan zu zählen. Nach alten Aufzeichnungen soll früher schon einmal solche Hungersnot und Pest gewesen sein im Jahre *Chōshō* (1132 - 1135)[29] zur Zeit des Kaisers Sutokuin[30], doch weiß ich nicht, wie

---

[28] Der *Ninna-ji* (gegründet 888) ist ein buddhistischer Tempelkomplex im Nordwesten von Kyoto. Oberster Priester war bis zum Beginn der Meiji-Zeit immer ein Sohn des Tennō.

[29] August 1132 bis November 1135. Wird auch in den Aufzeichnungen von Eshinni, Frau des Abtes Shinran, erwähnt.

[30] Sutoku Tennō (1119 – 1164) regierte zwischen 1123 und 1142.

es damals war. Diesmal erlebte ich es selber und sah den Zustand des Landes, welcher, wie gesagt, jammervoll war.

7. Kapitel: Erdbeben

Folgendes Unglück trug sich im zweiten Jahr *Ganreki* (1185)[31] zu. Ein Erdbeben verwüstete das Land. Seine begleitenden Erscheinungen waren entsetzlich. Gleich einem furchtbaren Donnerrollen ertönte es aus dem Schoß der Erde, als sie sich bewegte und öffnete. Die Berge erzitterten, große Schollen lösten sich, stürzten in die Täler hernieder – alles unter sich begrabend. Täler und Flüsse waren mit ihnen angefüllt. Dadurch traten die Flüsse über ihr Ufer und überfluteten das Land. Neue Quellen drangen aus der geborstenen Erde hervor. Selbst das Meer wurde weit ins Land getrieben und seine Wellen türmten sich haushoch auf, die Schiffe hin und herschleudernd. Menschen und Tiere konnten sich nicht aufrecht haltend, Häuser stürzten ein. Tempel, Kirchen und Türme, alles fiel dem Verderben anheim, nichts blieb stehen. Es waren nur noch Trümmer vorhanden. Dazwischen wirbelte Staub und Asche mit Gewalt gen Himmel wie bei einem Feuer. Die Menschen waren nirgends ihres Lebens sicher, da man weder Flügel hatte noch ein Drache war, um in die Wolken zu steigen. Wer zuhause blieb, wurde sofort zerdrückt. Wer herauseilte, versank in den geöffneten Schlund der Erde. Von allen Schrecknissen ist solch Erdbeben das Schrecklichste. Manch herzzerreißender Anblick bot sich

---

[31] Der zugleich zwischen 1180 bis 1185 stattfindende Krieg, der 1185 mit der Niederlage der Taira und dem Tode des Antoku Tennō endete sowie zur Gründung des *Kamakura*-Shōgunats führte, wird von Kamo no Chōmei nicht erwähnt.

mir dar. Das einzige Kind eines Kriegers, erst sechs oder sieben Jahre alt, wurde beim Spiel von der Mauer seines Hauses begraben. Es wurde vollständig zerdrückt, seine Augen waren ganz aus dem Kopf gequollen. Vor Schmerz schreiend, stürzten seine Eltern hin und nahmen den verstümmelten Leichnam ihres Lieblings auf. Das Herz des im rauen Krieghandwerk gestählten Mannes war so zerrissen, dass er für nichts mehr Sinn hatte. Selbst ein Fremder wie ich war tief bewegt und fühlte seinen Schmerz mit ihm.

Nach ein paar Tagen hörte das große Erdbeben auf, doch dauerte es noch drei Monate, bis sich die Erde allmählich beruhigte. Während dieser Zeit kamen noch täglich zwanzig- bis dreißigmal wellenförmige Bewegungen vor, bis sie endlich abnahmen.

Aus dem Vorhergehenden lernen wir, dass die Elemente[32] dem Menschen großen Schaden zufügen, wenn sie entfesselt sind; den größten bringt das Erdbeben.

Schon um das Jahr *Saikō*[33] war einmal ein Erdbeben gewesen, welches auch so stark war, dass im Tempel Tōdaiji[34] das Buddhahaupt herabstürzte, und die ganze Welt war damals sehr erschreckt. Doch war es nur gering im Vergleich zu dem vorher geschilderten. Bei diesem letzten schrecklichen Erdbe-

---

[32] [Itchikawa:] Nach buddhistischer Lehre: 4 Elemente sind Erde, Wasser, Feuer Wind

[33] Die Ära *Saikō* dauerte von November 854 bis Februar 857.

[34] Im fünften Monat Saikō 2 (855) ließ ein Erdbeben den Kopf der weltweit größten, bronzenen Buddhastatue im Tempel Tōdai-ji (im heutigen Nara) herabstürzen. Mit Hilfe der Spenden der Pilger konnte ein neuer Kopf angefertigt werden. Der 745 erbaute Tempel Tōdai-ji ist das größte Holzgebäude der Welt. Die sogenannte Augenöffnung der Buddhastatue 752 war für Japan ein Ereignis von Weltruhm. Aus ganz Asien sollen über 10.000 Zuschauer angereist sein.

ben fand jeder das Leben nichtig, daher glaubte ich, dass die Seelen allmählich sich reinigen würden, wenn die Menschen die Nichtigkeit des Lebens erfasst hätten. Aber nachdem einige Monate verflossen waren, dachte keiner mehr daran, und nach einem Jahr sprach niemand mehr davon.

8. Kapitel: Andere Leiden des menschlichen Lebens

Wir haben gesehen, dass das Leben jammervoll ist, und die Menschen wie ihre Wohnhäuser der Vergänglichkeit unterworfen sind. Doch es gibt noch unzählbare Leiden, die je nach Stand und Stellung der Menschen hervorgerufen werden, z.B. der Niedrige, welcher dem Vornehmen dienen muss, darf weder Freude noch Trauer zeigen. Ebenfalls muss er beim Kommen und Gehen, Stehen und Sitzen zittern wie ein Sperling im Nest des Adlers. Wohnt der Arme in der Nähe des Reichen, so muss er sich zudem noch wegen seines ärmlichen Aussehens schämen, ihm bei jeder Begegnung schmeicheln. Des Armen Herz muss von Neid erfüllt werden, sieht er, wie herrlich der Reiche lebt, von Dienern umgeben und wie schön geschmückt seine Weiber und Kinder einhergehen. Hört er nun noch, sogar, dass der Reiche ihn wegen seiner Armut verachtet, so muss diese böse Leidenschaften erwecken und der Arme wird keinen Frieden haben. Noch viele Gefahren lauern auf den Menschen: eingezwängt in der Stadt ist er nicht vor Feuergefahr geschützt, auf dem Lande mit seinen schlechten Verbindungen, hat er wenig Schutz vor den Dieben. Die schlechten Charakteranlagen finden Nahrung im Leben mit dem Strom der Menschen: z. B. die Habgier der Mächtigen wird immer größer, der Reiche lebt in steter Angst um seinen Mammon, der Arme hört dagegen nicht auf zu klagen und mit dem Schicksal zu hadern. Jeder Unverheiratete wird verachtet. Wenn man von Anderen abhängig ist, wird man sein Knecht. Muss man dagegen für andere sorgen, so wird man Sklave seiner Liebe. Lebt man mitten in der Welt, so muss man sich quälen. Wendet man sich aber nun von der Welt ab, so erscheint man dem Menschen als Narr.

Was soll und muss man darum tun, um sich ein wenig des Lebens zu erfreuen?

II. Teil

1. Kapitel: Das Leben des Verfassers in seiner Hütte

Ich wohnte früher als Erbe im Hause der Großmutter meines Vaters, aber unser Verhältnis wurde unerträglich, deshalb konnte ich nicht mehr bei ihr bleiben. Als ich nun über 30 Jahre alt war, hatte ich mir anderwärts ein kleines Häuschen gebaut, darin ich bloß mit meinem eigenen Ich wohnte. Dieses war zehnmal kleiner, wie mein früheres Haus. Nur das rohe Gebäude und die Mauern waren vollendet, aber ich besaß keine Hilfsmittel, um die Tür fertig zu machen. Die Säulen waren alle von Bambus, so sah das Häuschen wie eine Wagenremise aus. Es bot keinen Schutz bei Wind und Wetter, und da es in der Nähe des Flusses lag, so war das Rauschen der Wellen furchtbar, und es litt oft sogar durch Wasser. Über dreißig Jahre brachte ich in ihm zu. Ich lernte dabei aber das Unglück des Lebens verstehen durch die häufigen unglücklichen Erlebnisse. Endlich gab ich im fünfzigsten Lebensjahr dies Haus auf und zog mich von der Welt zurück. Es war nur leicht, denn ich war weder durch Frau noch Kinder gebunden, noch durch Stand und Geschäft. Wie oft verging Frühling und Herbst, wo ich nutzlos im Berge Ōhara[35] lebte.

---

[35] Liegt in der Präfektur Shimane.

2. Kapitel: Seine letzte Hütte

Sechs Jahrzehnte waren verflossen und der Tau des Lebens im Begriff zu schwinden, als ich mir meine letzte Hütte baute, wo ich jetzt noch wohne: Sie ähnelt einem Jägerhaus, das man nur zeitweilig benutzt, oder einem alten Seidenwurm, der sich in seinem Kokon einspinnt. Vergleiche ich sie nun mit der vorherigen Hütte, so ist sie um das Hundertfache kleiner als jene. Ich nahm an Jahren zu, aber mein Wohnhaus nahm ab, und es ist nur drei Meter breit und zwei Meter hoch. Da ich keinen festen Ort wollte, legte ich keinen Grund, sondern baute nur vier einfache Wände und darüber ein leichtes Dach.

Die einzelnen Teile sind lose zusammengefügt, so dass ich sie auseinander nehmen kann, wenn ich weiter ziehen will und so habe ich anderwärts keine Mühe zum Bauen. Das Material dazu ist so gering, dass nur zwei kleine Wagen davon gefüllt werden. Darum habe ich außer wenigem Wagenlohn keine Kosten.

Seit dieser Zeit lebe ich an dem abgeschiedenen Ort im Berge Hinoyama[36]. Südlich von meiner Hütte habe ich einen provisorischen Sonnenschirm hingestellt und darunter eine Bambusmatte gelegt, westlich davon einen Altar gebaut. Die Einrichtung meines Heims ist folgende: An der westlichen Wand steht ein Bild des Amida. Wenn der letzte Sonnenstrahl auf seine Stirn fällt, sieht er aus wie von einem Heiligenschein umgeben. An der hölzernen Tür hängen zwei Bilder von den Göttern *Fugen*[37] und *Fudo*[38]. Auf einem kleinen Brett über der

---

[36] Der Berg Hino liegt an der Meeresstraße zwischen den Hauptinseln Honshū und Kyūshū in der Nähe der Hafenstadt Shimonoseki.
[37] *Fugen* (Sanskrit: *Samantabhadra*) ist der japanische Name eines der acht großen Bodhisattvas des *Mahayana*-Buddhismus.

nördlichen Papiertür stehen drei bis vier schwarze Lederkörbe, welche Liederbücher, Noten, heilige Bücher und ähnliches enthalten. Seitwärts stehen zwei Musikinstrumente, eine *Ori-Koto*[39] und eine *Tsugi-Biwa*[40]. Östlich ist mein Nachtlager, es besteht aus Farusähren[41], worauf eine Strohmatratze liegt. Daneben ist ein Fenster, unter dem ein Schreibtisch steht. Am Kopf des Bettes ist ein Feuerherd, unter dem das Holz liegt. Dies ist meine letzte Hütte.

Die Umgebung des Hauses ist folgende: Nördlich von der Hütte befindet sich ein kleiner Garten, der von einem losen Geländer umgeben ist. Südlich ist eine Rinne, in der das Wasser vom Berg herabfließt, das in einen Brunnen von Steinen, den ich gebaut habe, aufgefangen wird. Dicht in der Nähe ist der Wald, welcher genügend Holz zur Feuerung liefert. Der Berg wird Toyama[42] genannt. Das Tal ist reich bewaldet, aber man genießt im Westen eine freie Aussicht. Schöne Wege locken

---

[38] *Fudo* ist der japanische Name von *Acala*, dem Schützer der buddhistischen Lehre.

[39] Eine faltbare Variante der in der Nara-Zeit (710 – 784) aus China nach Japan eingeführten *Koto*, einer 13-saitigen, hohlen Zither aus Paulownienholz.

[40] Eine vier- oder fünfsaitige, birnenförmige Laute.

[41] Im japanischen Originaltext ist von *warabi* die Rede. *Warabi* ist eine Variante des Adlerfarns (*Pteridium aquilinum var. Latiusclum*), deren große Farnblätter als Bettunterlage benutzt werden können. Aus den Rhizomen wird ein Stärkemehl gewonnen, aus der eine geleeartige Süßigkeit hergestellt wird. Itchikawa verwechselt hier wohl die Lebensmittel *Warabi* und das ebenso geleeartige *Konnyaku* (Konjak). Konjak wird aus der Knolle der Teufelszunge (lateinisch *amorphophallus konjak*) gewonnen. Bei *Farus* handelt es sich nahe liegend um die falsche Schreibweise des Wortes *Phallus*.

[42] Es könnte sich um den Berg Toyama in Iga, der heutigen Präfektur Mie, handeln.

zum Meditieren und Träumen. Die Jahreszeiten bieten Gelegenheit zu ernsten Betrachtungen. Im Frühling erinnern die westlich[43] blühenden Winden der Wisteriablumen[44], die violett wie die Wolken des Himmels schimmern, an das Paradies. Im Sommer mahnt das wiederholte Rufen des Kuckucks[45] an den dunklen Weg durch Schide's Tal[46][47]. Naht der Herbst, so klagt der *Higurashi*[48] und sein trauriger Gesang ruft uns zu, an die Nichtigkeit des Lebens zu denken.

Der Winter bringt tiefen Schnee, der die Berge einhüllt. Und sich wie die Sünde vermehrt und dann schmilzt.

3. Kapitel: Seine Lebensweise

Meine Lebensweise ist wie folgt: täglich bete und lese ich in den heiligen Büchern, aber wenn es mir lästig wird, kann ich mich ausruhen und es ist niemand da, der mich stört, noch vor dem ich mich zu schämen brauche.

Das Gebot des Schweigens wird mir nicht schwer, denn nichts verführt mich, es zu brechen.

---

[43] [Itchikawa:] Nach der buddhistischen Leere liegt das Paradies im Westen.
[44] Die verholzende Kletterpflanze Japanischer Blauregen (*wisteria floribunda*).
[45] [Itchikawa:] Dieser Vogel kam aus dem Seelenlande.
[46] [Itchikawa:] Durch Schide's Tal muss die Seele nach dem Tode.
[47] *Shide*, bestehend aus den Schriftzeichen für Tod und Ausgang, bezeichnet im Buddhismus einen Berg in der Totenwelt. *Shide no tabi* ist poetisch die Reise ins Jenseits.
[48] [Itchikawa:] Zikade

Einen wunderschönen Anblick bietet morgens das wogende Meer, ich empfinde dabei mit dem Dichter Musami[49], der so herrlich die See besingt mit den stolzen Schiffen, wie sie auf und ab gleiten, vorüber an Bergen und Häusern.

Auch abends erweckt die Natur künstlerische Stimmungen; fegt der Wind durch die *Katsurablätter*[50], so mache ich den Stil des berühmten Musikers *Gentōtoku*[51] am Fluss Jinyō no Kō[52] nach. Wenn ich recht froh bin, so versuche ich alles der Natur abzulauschen und spiele: „Rauschen des Herbstwindes" beim Flüstern der *Matsubäume*[53] oder „Plätschern des Flusses" beim Brausen des Meeres. Zwar bin ich kein sehr geschickter Spieler und Sänger, aber es genügt, um mich zu trösten.

Es liegt am Fuße des Berges noch eine Hütte, in der ein Förster wohnt, dessen junger Sohn mich oft begleitet. So ver-

---

[49] Eine Herausforderung, wen Itchikawa hier meinen könnte. Er spricht von einem Dichter Musami, meint aber wohl den Mönch und Dichter Manzei (oder Mansei) Shami, der zwischen 704 und 730 politisch wie dichterisch aktiv war. Er ist auch unter dem Namen Kasamaro bekannt.

[50] *Katsurabäume* bzw. Kuchenbäume (*Cercidiphyllum japonicum*) fallen durch den lebkuchenartigen Geruch ihrer welken, abgefallenen Blätter auf.

[51] *Gentōtoku* ist ein Kompositum aus den Schriftzeichen *Gen* für die Familie Minamoto und der Bezeichnung *tōtoku* für das Amt eines Militärgouverneurs. Gemeint ist der Dichter Minamoto no Tsunenobu (1016 – 1097), der 1094 das Amt des Militärgouverneurs in Dazaifu (heute Fukuoka) erhielt.

[52] Die Schriftzeichen des Originaltextes für Jin'yō no Kō weisen auf den Fluss Liuyang in China hin. Da für den sinophilen Minamoto no Tsunenobu keine Reiseinformationen nach China vorliegen, daher ist das Bild des Flusses wohl eher sehnend zu verstehen.

[53] *Matsu* bezeichnet mehrere Baumarten wie die Japanische Rotkiefer oder die Japanische Schwarzkiefer.

schieden auch unser Alter ist. Er ist sechzehn und ich sechzig, dennoch ist unsere Freude an der Unterhaltung dieselbe. Oft gehen wir zusammen und pflücken Blumen *Zubana*[54], sammeln Moosbeeren und füllen den Korb mit Wildkartoffeln[55] [56] und Petersilie. Zuweilen besuchen wir die Reisfelder, welche an dem Fuß des Berges liegen und lesen die Ähren auf.

Bei schönem Wetter erklimme ich den Gipfel des Berges und habe dort eine herrliche Aussicht. Weit, weit bis nach dem Himmel meiner Heimat kann ich sehen, wo Kobatayama, Fushimi no sato[57] und andere liegen. Dieses schöne Landschaftsbild ist freies Eigentum und jedermann kann es genießen. Wenn ich noch nicht ermüdet bin, so wandele ich weiter die Bergeskette entlang bis zum Berge Sumiyama und Kasadori. Oft pilgere ich nach Iwama und bete in Ishiyama. Oder ich lenke meinen Weg zum Moor Awazu no Uo, wo ich dem verstorbenen großen Musiker Semimaro[58] meine Huldigung darbringe. Über den Fluss Tagawagawa führt der Weg zu der Grabstätte des großen Dichters Sarumaru Dayū[59], die mich mit Ehrfurcht erfüllt.

Herrliche Blumen blühen auf dem Heimweg, ich pflücke die schönen Kirschzweige, die roten *Momiji*-Blüten[60], mit Farn-

---

[54] [Itchikawa:] Binsenart.

[55] [Itchikawa:] *Dioscorea Japonica*.

[56] Japanischer Bergyams (*yamaimo*).

[57] Beide Orte liegen, wie auch die folgenden, in der Region *Kansai*.

[58] Semimaro war ein japanischer Musiker und Poet in der frühen *Heian*-Zeit. Sein Name wird in der Literatur erwähnt, darüber hinaus existieren aber keine Beweise seiner Existenz.

[59] Sarumaru no Taifu war ein *Waka*-Dichter der frühen *Heian*-Zeit. Auch in Punkt auf ihn, ist nicht ganz geklärt, ob es sich um ein Pseudonym oder eine real existierende Person handelte.

[60] [Itchikawa:] Ahorn.

kraut und Früchten, die ich gesammelt, schmücke ich die Buddhabilder, das übrige bewahre ich als Hausvorrat.

Sitze ich abends in meiner ruhigen Hütte, in die das Licht des Mondes fällt, so erinnere ich mich an die früheren großen Männer. Aus der Ferne dringt das Geschrei der Affen bis zu mir und meine Ärmel werden vor Tränen nass[61]. Hin und her huschen im Grase die Leuchtkäfer und schimmern wie das Wachtfeuer der Fischer auf der fernen Insel Makishima.

Wenn es am Tagesanbruch regnet, bekomme ich einen Schreck, als ob es Sturm sei, der die Bäume schüttelt. Dann lockt der Bergfasan und meine Phantasie spinnt sich beim Rufen des *Horo Horo* aus, als riefen mich meine Eltern. Die Hirsche des Waldes nähern sich mir zahm, ein Zeichen, wie fern ich von der Welt lebe.

Beim Aufstehen und Schlafengehen schüre ich das Feuer an, welches der einzige Freund meines Alters ist.

Die wunderschöne Gegend liegt vereinsamt und niemand kommt hierher, weil es so viele Eulen gibt, die durch ihr Geschrei alle Leute vertreiben, da es sich fürchterlich anhört und die Menschen melancholisch macht.

4. Kapitel: Über das Wohnhaus

Die Zeit, die ich hier verlebte, schwand wie ein Traum, und doch sind schon fünf Jahre verflossen. Meine Hütte ist ein we-

---

[61] [Itchikawa:]Ärmel, sehr lang, spielen eine Hauptrolle in der japanischen Poesie.

nig alt geworden und das Dach mit welken Blättern angehäuft, an den Mauern hat sich Moos angesetzt.

Manche Nachricht aus der Hauptstadt kam zu mir, von dem Ableben vieler Bekannten, Vornehmen und Geringen. Wie viele Häuser mögen während dieser Zeit verfallen sein oder durch Feuersbrunst verheert?

Meine Hütte aber ist sicher: zwar klein, enthält sie doch Raum für ein Nachtlager und einen Sitzplatz, das genügt für einen Menschen. In einer kleinen Schale lebt die Muschel *Gōna*[62] und fragt nach niemandem, denn sie weiß, wer sie ist.

Die Fischadler suchen das Gestade der wilden Seeufer auf, aus Furcht vor dem Menschen. Dies passt auch auf mich. Ich kenne die Welt und mich und hoffe auf nichts, verkehre mit niemandem.

Ungestört zu bleiben ist meine Hoffnung, und ohne Leid zu sein ist meine Freude.

Gewöhnlich baut man das Wohnhaus nicht für sich allein, sondern für Frau und Kinder, Verwandte und Bekannte, oder für hohe Herren, auch wohl zur Aufbewahrung der Güter und des Viehs. Das meine ist nur für mich gebaut, aus dem Grunde, weil ich keinen Begleiter und keinen Diener habe. Für wen soll ich ein großes Haus bauen?

---

[62] Eine altjapanische Bezeichnung des Einsiedlerkrebses.

5. Kapitel: Über Essen und Kleider

Mit den Kleidern und des Essen verhält es sich ebenso. Mit einem einfachen Wisteria-Gewand[63] und einer leinenen Bettdecke kann ich meinen Körper einhüllen. Da ich mit niemanden verkehre, so brauche ich mich meines Aussehens nicht zu schämen. Die Binsenblumen auf dem Felde und die Baumfrüchte auf dem Berge liefern mir genügend Nahrung, um mein Leben zu fristen und wenn es nicht ausreicht, so ziehe ich es dadurch in die Länge, indem ich ein wenig magerer koche, wenn es auch nicht so schmackhaft ist.

Für den reichen und glücklichen Mann ist dies nicht geschrieben, sondern nur für mich zum Trost, um einen Vergleich der alten Zeiten mit der Gegenwart anzustellen.

6. Kapitel: Über Freunde und Diener

Was schätzt der Freund am Freunde? Meistens den Reichtum des anderen. Seine Verwandtschaft liebt der Mensch wohl noch aus Eitelkeit, aber das gute Herz und die Aufrichtigkeit wird selten geliebt und hoch gehalten. Darum ist es besser, Zither, Flöte, Blumen und Mond als Freund zu haben.

Der Diener nun denkt bloß an Strafe und Belohnung, und schätzt danach den Herrn, er liebt ihn nur dann, wenn er viel Lohn bekommt. Deshalb ist es uns besser, statt anderer Personen unseren eigenen Körper zu benutzen. Der Körper hat seine Hände und seine Füße. Hat man zu tun, so soll man seine Hän-

---

[63] Ein aus den Fasern des Blauregens (Glyzinie) hergestelltes Gewand.

de benutzen. Wenn das auch ein wenig Mühe macht, ist es doch noch nicht schwerer als andere zu beherrschen. Muss man gehen, soll man seine Füße benutzen. Wenn das auch etwas Qual macht, ist es dennoch besser, als für Pferde und Ochsen zu sorgen. Sie bedienen wir uns der Hände als der Knechte und der Füße als der Fahrzeuge, und die beiden sind uns sehr gehorsam.

Die Seele ist auch eine gute Herrin. Da sie gleich bemerken kann, in welchem Zustande ihr Diener, Körper, ist, lässt sie ihn zur rechten Zeit ausruhen, wenn er erschöpft ist, und tätig sein, wenn er wieder Kraft hat.

Das ist ein bequemeres Verhältnis wie das von Diener und Herr. Eine mäßige Bewegung ist noch dazu gesund und besser, als immer still zu sitzen. Ferner ist es ja auch sündhaft, anderen Mühen zu machen.

III. Teil: Das höchste Glück durch ewiges Licht im Nirwana

1. Kapitel: Einsiedlers seelisches Glück

Seitdem ich die Welt verlassen habe und ein anderes Leben führe, kenne ich weder Hass noch Furcht. Ich überlasse dem Himmel, wie er mein Schicksal bestimmt, und mache mir kein Herzweh darüber.

Das Menschenleben gleicht den fliehenden Wolken, und deshalb baue ich auf keinen festen Grund. Der kurze, ruhige Schlaf auf dem Kopfkissen, ist mir die größte Freude, und eine schöne Aussicht zu genießen in den vier Jahreszeiten übertrifft alle schimmernden Hoffnungen des Lebens.

Aller Welten[64] Glanz und Pracht ist nicht so viel wert wie eine Seele. Hat diese keinen Frieden, so helfen weder die von Gold strotzenden Paläste noch Tempel mit Edelsteinen verziert. Daher kann ich so freudvoll an diesem Einsamen Wohnorte und in der schlichten, kleinen Hütte leben.

In der Hauptstadt dagegen muss ich mich im Bettlergewande schämen. Wie arm erscheinen mir von hier aus die Menschen mit ihrem Hasten und Sorgen, Suchen und Jagen!

Wie bedaure ich sie, dass sie sich von dem Weltstaub noch immer nicht befreien können.

Wem meine Ansicht zweifelhaft erscheint, der soll das Leben der Vögel und Fische betrachten. Nie müde wird der Letz-

---

[64] [Itchikawa:] Nach der buddhistischen Lehre gibt es drei Welten: Begierwelt, Formwelt und Welt ohne Begierde oder Form.

tere im Wasser zu leben, doch wie schön er sein Leben findet, weiß nur er allein.

Auch der Vogel kann nur empfinden, wie lieb ihm sein Wald ist; dem gleicht meine Vorliebe für die Einsamkeit. Doch wer sie nicht kennt, kann mich auch nicht verstehen.

2. Kapitel: Ewiges Licht im Nirwana

Bald nähere ich mich dem Tode, denn mein Leben nimmt ab wie der Mond, der hinter dem westlichen Berge verschwindet und dessen lang leuchtendes Licht erlischt.

Dann trete ich die Reise an nach der dunklen Welt, wo der *Sanzu*-Fluss[65] fließt.

Was hilft mir dabei? Buddha lehrt, dass man nie sein Herz an irdische Dinge hängen soll. Deshalb ist schon meine Liebe für diese Hütte ein Unrecht. Ebenso verhält es sich mit meiner Neigung für die Einsamkeit. Doch bedenkt man den Ernst der Ewigkeit, wie kann man da noch seine kostbare Zeit mit den nutzlosen Vergnügungen in der Welt vergeuden?

In der stillen Morgenstunde, wenn die Welt ringsum noch in Schweigen gehüllt ist, dann treten diese Wahrheiten vor meine Seele, und ich prüfe sie und sage mir: Der Zweck deiner Weltflucht, deines einsamen Lebens hier im Walde war einzig um deine Seele zu reinigen und dich in Andacht zu versenken.

---

[65] [Itchikawa:] Von *Schide's* Berg kommt die Seele an den *Sanzu*-Fluss, wo eine alte Frau steht, die ihr die irdischen Kleider abnimmt, von dort zum Gerichtssaal, wo ihr ein Spiegel vorgehalten wird, und dann in den Himmel, um auf Lotosblüten zu träumen, oder in die Hölle.

Dein Äußeres gleicht dem Heiligen, dennoch ist deine Seele noch unrein. Das Wohnhaus ähnelt wohl dem Weisen *Jōmioko-ji*[66], doch die Handlungen sind noch niedriger, wie die der Männer *Schūri* und *Bandoku*[67]. Hat die Armut auf dich Einfluss gehabt? Oder war der Böse in dir zu mächtig?

Eine Antwort hat meine Seele nicht darauf – aber auf meinen Lippen erzittert unwillkürlich der Name „Buddha" – und dann versinken sie in – Schweigen!

Geschrieben im 2. Jahre *Genriki* (1212) am letzten Märztage in meiner Hütte in Tōyama von einem Mönche Ren'in.

Hinter den Bergen bald das Mondlicht vergeht!

Ach, hätte ich das Licht, welches ewig besteht!

---

[66] *Koji* bezeichnet einen buddhistischen Laien bzw. wird verwendet als Bezeichnung für „der selige xy". *Jōmio* ist eine alte Übersetzung für *Yuima*. Der selige *Yuima* ist im Sanskrit *Vimalakīrti* und stellt im gleichnamigen Sutra das Idealbild eines Laienanhängers des *Mahayana*-Buddhismus dar. Er wird auch als wohlhabender Patron des Gautama Buddha dargestellt.

[67] Gemeint ist *Shūri Handoku*, der japanische Name des Buddhaschülers *Suddhipanthaka*, welcher dafür bekannt war, die Lehren Buddhas nicht begreifen zu können. Er nach langer Zeit erlangte auch er Erleuchtung.

Anhang: Japanisches Alphabet

Hiragana, das japanische Alphabet[68], ist in der japanischen Gedichtform geordnet[69], die keinen Reim hat aber Metrik. Wie

---

[68] Die Übernahme der sino-japanischen Schriftzeichen (*kanji*) aus dem nicht flektierenden Chinesischen ergab für das Japanische als flektierende Sprache das Problem, dass diese Zeichen nicht ausreichten. Dies führte neben der Übernahme der sino-japanischen Schriftzeichen (*kanji*) zur Erfindung zweier Silbenalphabete (*hiragana* und *katakana*), die sowohl gleichwertig neben den *kanji* als auch substituierend verwendet werden können. Dies führte dazu, dass, nachdem auch die lateinische Schrift (*rooma-ji*) neben der *kanji-kana*-Verschriftlichung Verwendung fand, jede Bedeutung in mindestens vier orthographischen Varianten wiedergegeben werden kann (z. B. ‚Universität': *kanji* 大学, *hiragana* だいがく, *katakana* ダイガク, *rooma-ji Daigaku*, alte *kanji*-Verschriftung 大學). Darüber hinaus wurden zu Beginn der Übernahme der Schrift im 6. und 7. Jahrhundert *kanji* nicht als Morpheme übernommen, sondern auch als phonetische Wiedergabe des Japanischen und, um es noch komplizierter zu machen, wurden mit jeder kulturellen Übernahme aus China auch eine neue – das Chinesische entwickelte sich schließlich weiter – Lesung eines Zeichens hinzugefügt. Die Grundannahme, dass ein Zeichen eine Lesung besitzt, existiert daher im Japanischen nicht: jedes Zeichen – mit wenigen Ausnahmen in Japan generierter *kanji* – besitzt mindestens eine japanische (*kun-yomi*) und eine an das Chinesische (*on-yomi*) angelehnte Lesung, wobei meistens die richtige Lesung von dem auf das einzelne *kanji* folgende Zeichen (*kanji* oder *kana*) abhängt.

[69] Dieses Gedicht *Iroha* zeichnet sich dadurch aus, dass im japanischen Text jede Silbe nur einmal vorkommt und es sich somit als „Alphabet" eignet. Es entstand vermutlich in der Heian-Zeit. Die erste schriftliche Fixierung des Gedichtes 1079 ist allerdings nicht in *Hiragana* sondern in *man'yogana* geschrieben, einer ersten phonetischen Verwendung der kanji zur Wiedergabe des japanischen Lautsystems. Aus diesen *man'yogana* entstanden die beiden Silbenschriften der *Hiragana* und

alles im Lande der Sonne and die Entsagung der Welt erinnert und auf die Nichtigkeiten allen irdischen Glückes hinweist, so auch das Alphabet, welches lautet:

Farben und Gerüche noch so schön, sie müssen alle vergehen.

Was gibt es Beständiges in unserer Welt?

Im tiefen Abgrunde des Nichts verschwindet der heutige Tag.

Ein Traum ist nur das Leben, darum sollen wir nicht klagen.[70]

Katakana. In dem Gedicht finden sich einerseits Silben (we, wi), die nicht mehr im modernen Japanisch vorkommen, andererseits fehlt die Silbe n, welche später entstand. Heutzutage wird das *Iroha* nur noch in traditionellen Kontexten verwendet.

[70] Lesung, in eckigen Klammern die moderne japanische Aussprache: *Iro ha [wa] nihoheto [nioedo], chirinuru wo [o], waka [waga] yo tareso [tarezo], tsune naramu [naran], uwi [ui] no okuyama, kefu [kyō] koete, asaki yume mishi [miji], wehi [ei] mo sesu [sezu].* Die Übersetzungen im Deutschen weichen oft etwas voneinander ab: Die Farben [der Blumen] duften, aber sie sind vergänglich. In dieser unserer Welt ist nichts beständig. Heute überschreiten wir die hohen Berge menschlicher Illusion, aber es wird kein seichtes Träumen, keine Trunkenheit mehr geben. („Trunkenheit" im Sinne, von etwas trunken zu sein.)